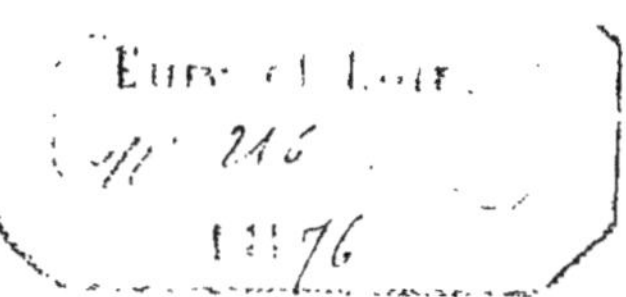

NÉCROLOGIES

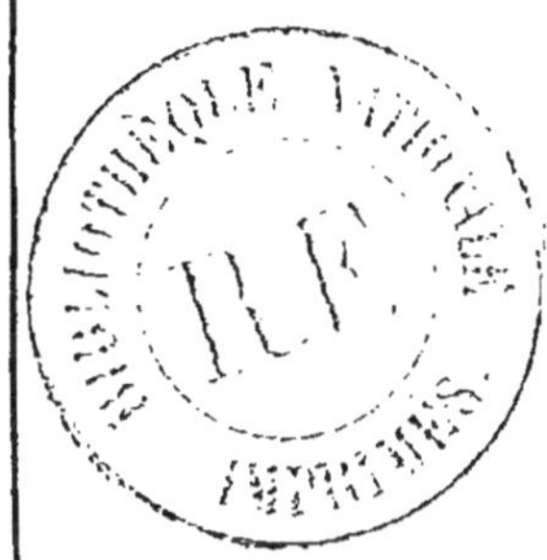

PAUL JUTEAU

—

VICTOR JUTEAU

CHARTRES. ÉDOUARD GARNIER, IMPRIMEUR.

PAUL JUTEAU

Lundi, 14 août 1876, une nombreuse assistance se trouvait réunie dans l'église de Lèves. Elle y était venue pour rendre les derniers devoirs et dire un dernier adieu à un pauvre jeune homme que tous avaient connu et que la mort venait de ravir à une honnête famille dont il était la joie et l'unique bonheur. Elle y était venue aussi pour témoigner de l'estime et de l'affection que chacun ressentait pour un père et une mère aussi cruellement éprouvés.

Au nombre des personnes présentes à cette triste cérémonie, nous devons citer : M. Delacroix, sénateur, dont le frère fut, pendant de longues années, maire de Lèves ; M. Patry, inspecteur d'Académie ; M. Le Tellier, maire de Lèves, et M. Appay, son adjoint ; M. Alexandre de Saint-Laumer, ancien maire de Chartres, président de la Société de Secours mutuels des instituteurs ; M. Bonnard, délégué cantonal ; le directeur de l'École normale, représenté par l'un de ses maîtres-adjoints ; plusieurs professeurs de notre collége, qui avaient eu comme élève Paul Juteau ; M. Waquet, inspecteur des écoles primaires ; M. Maurice, ancien maire de Lèves ; M. Noury, chef de division à la Préfecture ; M. Gouablin, receveur de l'Asile d'Aligre ; plusieurs membres du conseil municipal de Lèves ; les Sœurs de l'Asile d'Aligre ; les instituteurs, collègues et amis de M. Juteau, qui avaient pu être avertis à temps du malheur qui le frappait. Le surplus était composé de parents, d'amis et d'habitants de la commune où, depuis vingt-cinq ans, M. Juteau prodigue, avec le plus complet dévouement, tous ses soins aux enfants qui lui sont confiés. Enfin, M. Migneaux le respectable curé de Lèves, qu'une longue maladie tient éloigné de son saint ministère, malgré son état de souffrance, assistait à l'office et priait pour le pauvre enfant qu'il avait vu naître.

Sur le bord de la fosse, M. Le Tellier, maire, que ses relations de tous les jours ont mis à même de connaître et d'apprécier l'homme de bien et l'excellente mère que la mort vient de séparer d'un fils ii ne vivra plus désormais que dans leurs souvenirs, a prononcé les paroles suivantes. L'émotion qui le dominait était partagée par tous ceux qui l'écoutaient dans le plus profond recueillement ; il a pu voir et nous pouvons lui dire que plus d'une larme est venue se mêler aux siennes.

MESSIEURS,

Je ne veux pas laisser cette fosse se refermer, sans dire, au nom de tous, un solennel et dernier adieu au jeune homme auquel nous sommes venus rendre les derniers devoirs, et que la terre va recouvrir.

Je sais, car j'ai été frappé moi-même d'un pareil et si immense malheur, combien l'épreuve est rude, combien il est cruel et déchirant de se séparer à jamais d'un enfant bien aimé, comme l'était Paul Juteau. — Aussi m'associé-je de tout cœur à la profonde et si poignante douleur de ses parents éplorés.

Elevé par son père et sa mère avec la plus tendre sollicitude, il était leur joie et leur espérance; il avait reçu de son père, pour lui tout à la fois maître bienveillant et ferme, l'instruction primaire la plus complète. Son amour du travail le portait à acquérir des connaissances plus étendues, si bien qu'au sortir de notre école, où il comptait autant de camarades que d'élèves, il entrait au collége et y terminait rapidement ses études classiques.

Ce n'est pas tout : songeant à l'avenir, sachant que dans le temps où nous vivons, pour se faire une place au soleil, pour se créer une position, on ne doit compter que sur soi, et se dire qu'il faut être le fils de ses œuvres, il se mit résolument à l'œuvre pour atteindre un si louable but. L'étude du droit, qui ouvre la porte de bien des carrières, eut de l'attrait pour lui; il s'y livra tout entier, et, sans maîtres pour le guider, sans conseils pour l'éclairer, abandonné à lui même, il vint à bout, par un travail assidu et persévérant, de surmonter toutes les difficultés qu'offre cette science parfois si ardue. Il passa sans retard ses examens, et soutint avec honneur la thèse de licencié, qu'il m'offrait l'an dernier à pareille époque, et que je discutai avec lui, tout en le félicitant de ses efforts et de ses succès.

Quand l'heure de satisfaire à la loi militaire eut sonné, le jeune licencié contracta l'engagement volontaire d'un an, sinon avec entrain, comme il arrive à quelques-uns, mais avec un calcul réfléchi, et, de plus, avec le sentiment d'un devoir à accomplir envers son pays.

La vie du soldat ne lui souriait pas ; toutefois il y fut bientôt rompu. L'obéissance ne lui coûtait point ; il s'était sans peine plié à la discipline, parce qu'il avait compris qu'elle est le premier devoir du soldat sous les armes. Pendant les neuf mois qu'il a passés au service, pas une punition ; aux examens, toujours au premier rang ; on aurait pu le citer dans son régiment, comme le modèle du soldat. Ai-je besoin de vous dire qu'il était aimé, estimé de ses chefs, et adoré de ses camarades qui tous l'ont pleuré.

Il se faisait une fête, à l'époque de sa libération, de revenir dans sa famille, qui attendait son retour avec une impatience que la sienne seule égalait. Dieu, dans ses impénétrables desseins, ne l'a pas voulu. Devant cette volonté suprême, il faut s'incliner. Ce ne sont pas ceux qui s'en vont qui sont à plaindre, ce sont ceux qui restent ; aussi est-ce un pieux devoir de sympathiser avec leur chagrin et de les entourer de soins affectueux. Pour une telle affliction, il n'est de consolations que celles que la religion nous apporte ; elles n'amoindrissent ni ne tempèrent la douleur, mais elles la rendent moins amère et plus facile à supporter.

Sous l'uniforme, Paul Juteau n'avait point oublié

les sentiments religieux dont il avait été imbu dès son enfance ; ils étaient gravés au fond de son cœur ; il avait la foi, il est mort en chrétien, et en chrétien fervent. Aussi Dieu l'a-t-il reçu dans ses bras, qu'il ouvre à tous ceux qui croient en lui.

N'y a-t-il pas quelque chose de touchant, et qui m'émeut, dans ce concours de parents, d'amis, de camarades qui se pressent autour de cette tombe ; c'est le témoignage éclatant des profonds et justes regrets qu'une fin si précoce et si soudaine a excités ; c'est la preuve de la sympathie bien vraie qu'elle a fait naître chez tous ceux qui ont connu et aimé le jeune volontaire, qui est tombé victime du travail et du devoir ; aussi suis-je assuré que vous vous unirez à moi, et que chacun de vous dira avec moi : Adieu, Paul, Adieu !

Après cette allocution, où le cœur tenait la première place et parlait plus que les lèvres, M. Germond, professeur de cinquième au collége de Chartres, et M. Met-Gaubert, professeur d'histoire, qui avaient connu la vie studieuse du jeune collégien, qui avaient assisté à ses succès, ont tenu à dire un dernier adieu à celui qui, sorti des bancs du collége, était resté leur ami.

DISCOURS DE M. GERMOND.

Messieurs,

Avant que cette tombe soit fermée pour jamais, qu'il soit permis à l'un des maîtres, et je pourrais dire à l'ami de celui qui n'est plus, de joindre aux regrets d'une famille éplorée quelques paroles d'éloge pour une vie qui fut si courte, hélas ! et pourtant si bien remplie.

Fils unique de parents affectueux, esclaves de l'accomplissement du devoir, dont ils donnent sans cesse l'exemple, vous le savez, vous qui êtes venus ici en grand nombre vous associer à leur juste douleur, Paul Juteau, imbu des meilleurs principes, commença sa carrière d'étudiant au collége de Chartres. S'il n'attira pas sur lui dès le début les regards et les applaudissements, c'est qu'il entrait sans doute dans les vues de Dieu de développer les riches facultés de son âme par des moyens plus pénibles mais plus méritoires, je veux dire par le travail et surtout par la persévérance. Ce furent en effet les qualités distinctives de son caractère. Comprenant de bonne heure qu'il était tout pour ses parents bien-aimés, leur joie, leur orgueil, leur espérance, il voulut dès lors répondre à tous leurs soins, à toute leur affection, et il y parvint en faisant preuve du plus grand courage. C'est ainsi qu'après avoir remporté plusieurs prix dans les cours supérieurs, il fut en rhétorique décoré de la médaille d'argent que la Société archéologique d'Eure-et-Loir décerne à l'élève qui a obtenu le premier prix d'histoire; c'est ainsi qu'il sortit de philosophie avec le grade de bachelier ès lettres. Paul se sentit alors la force, que n'auraient pas eue bien de nos étudiants, de préparer seul son baccalauréat ès sciences. Ses efforts furent couronnés de succès. Pressé de choisir une carrière, et poussé par son esprit sérieux et méditatif, il se livra tout entier à l'étude des lois et, au bout de trois ans, par ses seuls efforts et avec l'aide de quelques conseils seulement, il était parvenu à se faire recevoir licencié en droit. Tout lui souriait donc, lorsque le volontariat, qu'il avait été forcé de reculer pour ne pas interrompre ses études, vint l'arracher à sa famille que jusqu'alors il n'avait jamais quittée. Eclairé sur l'étendue de ses devoirs, Paul se résigna, et pendant cette année, qui devait lui être si funeste, il sut encore par sa bonne conduite et par son application au travail, s'attirer les éloges et l'affection de ses chefs. Quelques mois encore, et il allait revoir une famille qu'il aimait si tendrement, lorsque la Providence, dont les desseins sont impénétrables à là faiblesse humaine, l'enleva par une maladie aussi prompte que terrible à ses parents et à ses amis désolés.

Telle fut la vie de ce jeune homme que nous pleurons aujourd'hui. Sa mort prématurée fut pour tous ceux qui le connaissaient un coup foudroyant, et l'on se disait, en apprenant la fatale nouvelle : Quest-ce donc que cette vie terrestre, où tout périt en un instant, jeunesse, talents, espérances!... Quel affreux malheur pour ceux que tu laisses dans cette vallée de larmes! ô Paul! Ceux-là sont plus à plaindre que toi. Que du moins, si nous ne pouvons te rappeler à la vie, nos pleurs et nos regrets unis à ceux de tes excellents et infortunés parents, leur prouvent combien tu nous étais cher, et combien ta perte est vivement sentie! Repose en paix, pauvre ami, et du haut des cieux où tu as reçu, n'en doutons pas, la récompense de tes efforts et de ta piété filiale, fais descendre un rayon d'espérance dans le cœur de ceux que ton trépas vient de plonger dans le désespoir : par les souvenirs honorables que tu leur as laissés, nul autre que toi n'est plus capable de les consoler dans leur immense douleur.

Adieu ici-bas, ô toi le plus chéri et le plus regretté des fils, Paul Juteau, adieu.

DISCOURS DE M. MET-GAUBERT.

MESSIEURS,

> La mort a des rigueurs à nulle autre pareilles,
> On a beau la prier,
> La cruelle qu'elle est se bouche les oreilles
> Et nous laisse crier.....

Ah ! oui, bien cruelle depuis quelque temps est cette mort, reine des épouvantements, et qui moissonne autour d'elle tant de jeunesse en sa fleur !

Quelle triste preuve nous en avons sous les yeux !

Qu'ajouter de plus aux paroles émues du premier orateur, à cette biographie si complète et si consciencieuse que vient de vous exposer mon excellent collègue M. Germond?

Veuillez me permettre quelques mots seulement, quelques mots partis du cœur. C'est un triste privilége réservé à un ancien maître qui a suivi constamment ce digne jeune homme dans le cours de toutes ses études.

Conduite exemplaire, application persévérante, travail opiniâtre, admirable modestie dans les succès, voilà notre cher et regretté Paul Juteau dans sa vie d'écolier.

Mêmes qualités solides dans sa vie d'étudiant, où il s'est montré véritablement *le fils de ses œuvres,* comme le voulait un des grands hommes de l'antiquité.

Il fût certainement resté encore un modèle dans son existence d'homme, accomplissant scrupuleusement tous ses devoirs, avec sagacité, avec méthode, s'il eût plu à Dieu de le laisser vivre.

Que dire de lui que vous ne sachiez tous relativement à ses qualités privées!.....

Avec quel cœur il aimait ce père si universellement estimé (on vient de lui en donner les preuves les plus touchantes), cette mère si tendre, si dévouée, infortunés parents, à l'heure qu'il est, brisés par la douleur!.....

Avec quel bonheur il eût entouré leurs vieux jours de sollicitudes sans nombre et d'ineffable tendresse!

Ah! nous le sentons, dans cet instant de poignantes angoisses, la Société et la Famille font en Paul Juteau une perte bien cruelle!

Enfin quels charmes il y avait dans ses relations d'amitié! Réservé, timide parfois, il se laissait aller tout entier, avec abandon, en livrant sa belle âme et son bon cœur aux épanchements si légitimes de la plus aimable causerie.

Deux de ses meilleurs camarades, en ce moment près de nous, désolés comme nous, pourraient l'attester.....

Et cependant la terrible nouvelle est arrivée... le coup de foudre a éclaté!... Paul, notre cher Paul n'est plus... et le voilà tel que *la mort nous l'a fait.....*

Ah! Messieurs et Amis, respectons les impénétrables décrets de la divine Providence!... Courbons la tête, avec une résignation calme et chrétienne, mais aussitôt levons les yeux vers le séjour des béatitudes célestes qui deviennent le partage des âmes d'élite, de foi... et Paul Juteau était de celles-là!.....

Il y a non loin d'ici, au cimetière de Notre-Dame, sur une tombe hélas! aussi trop tôt ouverte, l'œuvre d'un jeune sculpteur chartrain ; c'est une gracieuse statue qui symbolise *l'Espérance;* son geste éloquent et significatif nous montre le Ciel.

Eh bien! c'est là, parents désolés, amis dévoués qui venez en si grand nombre donner les marques d'un profond et sincère attachement, c'est là qu'il faut désormais chercher la douce image de notre bien-aimé défunt!

Toujours, du moins, nous aurons le ressouvenir de ses qualités si précieuses et de ses aimables vertus!.....

Digne et excellent ami, cher Paul, dors en paix ; nous ne te disons pas adieu, mais au revoir dans un monde meilleur!.....

La foule, très-impressionnée de ce qu'elle venait d'entendre, après avoir jeté l'eau sainte sur le cercueil que la terre venait de recevoir, s'est alors écoulée, en formant le vœu que Dieu donne au malheureux père le courage de surmonter sa douleur. Ne lui reste-t-il pas sa digne compagne, qui a toujours partagé ses joies et ses peines, et la bonne vieille mère, dont il sera désormais la seule consolation ?

Au moment où la dépouille mortelle de Paul Juteau était dirigée sur Lèves où devait avoir lieu l'inhumation, toute la 22ᵉ section d'ouvriers d'administration dont il faisait partie, où il ne comptait que des amis, faisait célébrer le 13 août à la chapelle de l'Hôpital militaire du Gros-Caillou, un service à sa mémoire.

Deux couronnes étaient en outre envoyées à son père : l'une au nom des engagés volontaires de la 22ᵉ section des commis et ouvriers d'administration, portant comme inscription : A NOTRE AMI; la seconde, en son nom personnel, par le sergent instructeur de la compagnie à laquelle appartenait Paul Juteau.

Enfin, quelques jours après, M. G. Gaudefroy, caporal à la 22ᵉ section, se faisant l'interprète de ses camarades, adressait à M. Juteau père la lettre suivante :

Paris, le 27 août 1876.

MONSIEUR,

N'ayant pu vous manifester plus tôt, en raison des circonstances, la profonde douleur que nous a fait éprouver la perte de notre bien cher ami Juteau, nous croyons qu'il est de notre devoir de vous exprimer, sans plus tarder, l'expression de nos regrets affectueux et sincères.

Bien que l'un de nous se soit fait, de vive voix, l'interprète de nos sentiments, nous sommes intimement persuadés qu'en raison de la situation profondément douloureuse dans laquelle vous vous trouviez le jour où cette communication vous fut faite, vous n'avez pu exactement apprécier la mesure de notre douleur.

Notre intention, Monsieur, n'est point d'évoquer des souvenirs douleureux ni d'affecter, par de belles paroles, un chagrin factice; non : si notre devoir ne nous imposait point l'obligation de vous écrire, si des circonstances particulièrement rebelles ne nous avaient point séparés de vous au jour du malheur, nous eussions évité cette manifestation affectueuse et tardive. Mais il nous eût beaucoup coûté de nous séparer de notre ami sans vous dire nos chagrins et nos profonds regrets dans toute la sincérité de notre âme.

Tel est, Monsieur, le but de cette lettre. Permettez-nous, avant de terminer, de vous ajouter un dernier mot : chacun de nous serait heureux de posséder la photographie de notre ami défunt, nous vous serions donc infiniment obligés, Monsieur, s'il vous était possible de nous en procurer une; nous pourrions, de cette façon, la faire reproduire et obtenir les 36 cartes dont nous avons besoin.

Nous aimons à croire que vous ferez le possible pour accéder à notre désir.

Veuillez recevoir, Monsieur, avec l'expression de notre profonde douleur, nos salutations les plus respectueuses.

Au nom de tous mes amis,

G. GAUDEFROY.

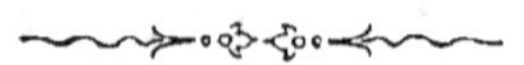

VICTOR JUTEAU

La même assistance, plus nombreuse encore, se trouvait réunie, mercredi 4 octobre, dans l'église de Lèves. Elle s'y était rendue pour témoigner de sa vive sympathie et de la part qu'elle prenait au nouveau deuil qui, à bref délai, venait porter la désolation dans une honorable famille, si étroitement unie et si cruellement éprouvée.

Il y a deux mois à peine, hélas ! elle était conviée au service funèbre d'un enfant adoré, doué de toutes les vertus, de toutes les qualités qui font les bons fils. Et ce jour-là, c'était à son pauvre père, qui n'avait pu surmonter sa douleur, qu'elle allait dire un dernier adieu.

Ici s'arrêteront les réflexions que nous inspirait cette triste cérémonie qui nous séparait de celui que nous aimions et que nous estimions. Bien mieux que nous pourrions le faire, M. Le Tellier, maire de Lèves, dans l'allocution qu'il a prononcée sur le bord de la tombe, dira quel a été l'homme que sa famille pleure et que ses nombreux amis regrettent.

MESSIEURS,

En disant, il y a six semaines à peine, un dernier adieu à Paul Juteau, j'étais loin de penser que j'aurais bientôt à remplir le même devoir envers son père. Les quelques paroles que je prononçai furent pour lui sinon une consolation, du moins la preuve d'une douloureuse et bien sincère sympathie, dont il avait été très-touché. Aujourd'hui, je viens acquitter une dette, la dette du cœur, c'est-à-dire lui donner un témoignage de profonde gratitude.

Une voix plus autorisée que la mienne vous dira ce qu'a été Augustin-Victor Juteau comme instituteur.

Ces fonctions, que beaucoup regardent comme bien modestes, mais dont l'importance n'échappe point aux esprits sérieux, M. Juteau les aimait avec passion et s'y consacrait avec ardeur.

L'enseignement était pour lui une véritable vocation, j'allais dire un sacerdoce, auquel il s'était attaché, et que, par goût et par conscience, il accomplissait avec un zèle et un dévoûment qui ne se sont jamais démentis.

Les succès de ses élèves le rendaient heureux ; il en était fier, et il avait raison de l'être, car il les préparait avec un esprit de suite, une sagacité et un soin incessants. Il aimait les enfants qui fréquentaient l'école comme s'ils eussent été les siens. Il était tout à la fois ferme et bon, si bon même, qu'il lui en coûtait quand il avait à punir; il les traitait paternellement, mais il savait s'en faire obéir et s'en faire aimer. Aussi l'aimaient-ils tous, et tous, je me plais à l'espérer, garderont de sa mémoire un souvenir qui ne s'effacera pas.

Sous son habile direction, qui a duré vingt-cinq années, l'école de Lèves s'est placée au premier rang, elle s'est constamment distinguée dans les Concours scolaires. L'honneur en revient sans doute aux élèves, mais plus encore au maître regrettable et regretté, qui s'efforçait de les bien instruire et s'appliquait autant à discerner leurs aptitudes qu'à développer leur intelligence.

Pendant le peu de temps que j'ai été en rapport avec M. Juteau, il a été pour moi un auxiliaire précieux par sa collaboration aussi dévouée qu'intelligente, aussi empressée qu'utile et à laquelle je tiens à rendre hommage; j'ai appris en quelques jours à l'apprécier, à l'aimer, car il sut, par son caractère loyal et sympathique, conquérir et mon estime et mon amitié. Je n'ai pas tardé non plus à reconnaitre tout ce qu'il y avait en lui de bon, d'élevé, de généreux; combien son cœur était imbu de l'amour du bien et à l'abri de toutes les mauvaises passions. Nul n'était d'un commerce plus sûr que M. Juteau; prudent et discret, il attendait pour se livrer, pour vous ouvrir son cœur. La confiance, dit-on, ne se commande pas, mais il avait le secret de l'inspirer et de la commander en quelque sorte; quiconque le connaissait ne pouvait pas ne pas l'aimer, parmi ses collègues il ne comptait que des amis.

Doué d'une vive intelligence, secondé par une facilité de travail remarquable, il suffisait à sa double tâche, sans jamais se plaindre, sans jamais se relàcher de son activité, alors même que sa santé était déjà grave-

ment altérée, parce qu'il était avant tout l'homme du
devoir.

A une grande expérience des hommes et des choses,
M. Juteau joignait une non moins grande habitude
des affaires et une connaissance complète des matières
administratives. Dans mon inexpérience, j'ai dû sou-
vent lui demander conseil et recourir à ses lumières,
ce qui m'a mis à même de juger de la droiture de son
jugement, de l'étendue de ses connaissances, de la
justesse de ses idées.

Je le proclame hautement, M. Juteau, soit comme
instituteur, soit comme secrétaire de la mairie, a
rendu d'éminents services à la commune de Lèves,
services qui ne sauraient être ni méconnus, ni oubliés,
— autrement, ce serait de l'ingratitude — aussi crois-
je être l'interprète des sentiments de ses habitants en
exprimant les miens.

Depuis quelque temps déjà, M. Juteau souffrait
d'une de ces maladies qui ne pardonnent pas, mais
qui, en évitant les émotions violentes, font parfois
que l'existence se prolonge. La mort imprévue et si
rapide de son bien-aimé fils, qui était sa joie et son
espérance, fut pour lui un coup terrible qui l'abattit.
Il n'eut pas le courage de se résigner à une si cruelle
séparation. La force d'âme, pour surmonter sa douleur, lui a manqué ; le chagrin a tari chez lui les
sources de la vie. Le chagrin, j'en ai été le témoin, l'a
fait mourir. Il était dominé par une pensée que j'ai
vainement combattue ; il aspirait à aller rejoindre son
cher Paul. D'un autre côté, une pensée navrante le
troublait, c'était celle de se séparer à jamais de la
digne compagne de sa vie, qui a partagé avec lui les
bons et les mauvais jours, qu'il aimait tendrement,
dont il était non moins tendrement aimé, qui l'entou-

rait de la plus vive sollicitude, et qui lui a prodigué
jusqu'à l'heure de la séparation suprême les soins les
plus touchants.

Que de tristes et amères réflexions doit inspirer la
vue de ces deux tombes qui vont renfermer le père et
le fils, unis dans la vie par la plus intime, la plus
tendre affection, séparés un instant par la mort, et si
vite rapprochés par elle.

M. Juteau avait été pénétré dans son enfance de
sentiments religieux qui avaient grandi, et qu'il ne
craignait pas de manifester et de mettre en pratique.
Sentant sa fin prochaine, il a demandé et reçu avec
ferveur, les secours de la religion; il a vécu en homme
de bien, et, comme son fils, il est mort en chrétien.

Laissez-moi vous dire, Messieurs, une entrevue qui
m'a causé une profonde émotion. La dernière fois
que je vis M. Juteau, déjà il ne parlait plus; je m'ap-
prochai de son lit; reconnaissant ma voix, il me
serra la main, comme pour me dire adieu, puis, ou-
vrant les yeux, à un signe qu'il me fit, j'y lus qu'il me
demandait de ne pas abandonner les deux pauvres
femmes qui étaient là, tout éplorées, et qu'il devait
laisser après lui, isolées et sans appui; je le compris,
j'acceptai tacitement la mission qu'il me confiait, et je
n'y faillirai pas.

Ce sera la dernière marque d'attachement que
j'aurai à lui donner; il m'en sera reconnaissant, j'en
suis assuré, et, du haut du ciel où Dieu l'a reçu, il
m'en tiendra compte.

M. Person, qui, il y a peu de jours encore, était
à la tête de notre École normale, qu'il a dirigée
pendant de longues années avec tant de distinction,
est venu ensuite payer un tribut de regrets à la

mémoire de Juteau, au nom de cette École, dont il avait été un des meilleurs élèves.

. M. Friteau, de Saint-Prest, s'est fait l'interprète de ses collègues, qui tous étaient les amis du défunt, et s'est exprimé ainsi :

Messieurs et chers Collègues,

Bien que dans le champ du riche il reste toujours quelque chose à glaner, devant cette tombe si prématurément et si malheureusement ouverte, je ne me sens ni la prétention ni le désir de prononcer un nouveau discours. On vient de nous rappeler avec tant d'exactitude et de vérité ce qu'a été Juteau dans sa vie publique et dans sa vie privée que je craindrais, si j'ajoutais quelques mots, de tomber dans des redites. Qu'il me suffise donc d'être ici votre interprète en remerciant M. le maire de Lèves et M. Person d'avoir si bien exprimé les sentiments que nous éprouvons tous en présence de cette catastrophe, car c'en est une. Qu'il me soit permis comme voisin et comme ami intime, depuis longues années, de dire l'adieu suprême à l'instituteur modeste qui a été quelquefois notre conseiller et qui restera toujours notre modèle.

A l'auxiliaire toujours zélé, toujours prudent du maire et du prêtre.

A l'homme de bien dans toute l'acception du mot. Adieu, Juteau !

Au nom des instituteurs des deux cantons et de tes amis venus de plus loin pour te rendre les derniers devoirs, adieu !

Adieu au nom de tous les instituteurs du département !

Ou plutôt, comme avec une vie si digne, si utile et si bien remplie, on ne meurt pas pour toujours.

Au nom de tous, au revoir ! !

M. Patry, inspecteur d'Académie, a prononcé aussi quelques paroles, au nom de l'Université, sur la tombe de celui qui, a-t-il dit, s'était montré constamment instituteur « parfait. »

Lorsque la dernière pelletée de terre eut recouvert pour toujours la dépouille mortelle de celui qui avait su inspirer tant de regrets, l'assistance, péniblement impressionnée, s'est retirée, en s'associant tout entière aux paroles qu'elle venait d'entendre.

✝

9 782014 106015